AF190066

zum Text:

Die –zum großen Teil- relativ umfangreichen Gedichte entstanden in den Jahren 2004 bis 2008 und weisen überwiegend gereimte Formen auf, darunter mehrere Sonette. Die Kompliziertheit des Reimschemas zeigt sich besonders in den Gedichten „Nordfenster im Altenberger Dom" und in „Arabesken", wo es die raffinierte Fassung eines Grisaillefensters und die Verschlungenheit der Arabesken-Muster zu spiegeln versucht.

Die Texte umfassen die Themenbereiche Jahreszeiten, Menschen, Blumen, Tiere, Landschaft, Kunst, Technik, politische Utopien, Großstadt, Spanien, Jahrestage, Ägypten und Kreta.

zum Autor:

Engelbert Manfred Müller, 1940 geboren, in Köln-Dünnwald und Leverkusen aufgewachsen, war 40 Jahre als Lehrer an Volksschulen, Hauptschulen und Gesamtschulen tätig. Davon verbrachte er 9 Jahre an Schulen in Chile und Mexiko. Nach seiner Pensionierung 2003 tauschte er sein jahrelanges Malhobby gegen das Schreiben ein. In der Zeit von 2004 bis 2010 entstanden drei Gedichtbände, ein Band mit Erzählungen aus Lateinamerika, ein Band mit Erzählungen aus Südeuropa, ein Band mit Erzählungen aus Deutschland, ein Kurzroman und zahlreiche Kurzgedichte zu Bildern unter dem Titel „Wörter fürs Auge". Engelbert Manfred Müller lebt seit 1982 mit seiner Familie in Bergisch Gladbach.

Engelbert Manfred Müller

Flechtenblüten

Gedichte von 2004 bis 2007

Bei der Gestaltung der Titelseite wurde ein Aquarell des Autors
verwendet.

Bibliografische Informationen der Deutschen Nationalbibliothek:
Die Deutsche Nationalbibliothek verzeichnet die Publikation
I
in der Deutschen Nationalbibliografie, detaillierte bibliografische
Daten sind im Internet über http:/ /dnb.dnb.de abrufbar.

ISBN 9783746010830

Inhalt

Verzauberte Momente

Januarsonne

Raureif auf Wiesen,
wie Lametta am Rand.
Silberdunstriesen
die Sonne erfand.

Pferdefiguren,
struppig das Fell.
An den Hängen kaum Spuren,
im Gegenlicht hell.

Nichtfarbe noch hält
insgesamt in den Bäumen
mit Ästen die Welt,
die den Sommer noch träumen.

Aus Schornsteinen steigt
weißer dicklicher Dampf,
und Gefrorenes zeigt
noch Hufspurenkampf.

Wo eben die Wege,
hat geschmolzenes Eis
Kristallmusterstege
gebildet mit Fleiß.

Vereinzelt noch decken,
verharscht und verfroren,
die Felder Schneeflecken,
in Winkeln verloren.

Kastanien treiben
schon Knospen mit Saft,
wolln nicht länger verbleiben
mit nutzloser Kraft.

Maisstoppeln gleißen
wie silberne Räume,
ihre Lichter verheißen
uns südliche Träume.

märzhecke

nackte brombeerranken triumphieren
über abgeschlafftes braunes farn
stacheldrähte zeigen stinkefinger
vor den weiden die mit gülle voll
beladen sind und dunklen maulwurfshaufen

und rechts vorne krault die kirchturmspitze
dreist dem himmel seine zarten lenden

glanz auf stacheldraht

herbkühle sonne im april
und glanz auf scheunendach
grell leuchtend
wo luft schon leicht vibriert
und hitze wabert

sonst kühler glanz auf gräsern
auch auf stacheldraht
auf fernen dächern
nackten buchenästen
die sich in siefen ducken

weil sie insgeheim
die ungeheure schnelle ahnen
mit der sich all und jedes
stets nach osten dreht
was alle andern stets verdrängen

und vögel zirpen schlagen
kreise ziehn
noch zögerlich

und der am kreuz
dreht seinen kopf zur seite
scheint sich behaglich
dort zu sonnen
sind schmerz und wohlbehagen ähnlich

und über allem steht wie weihrauch
leicht geruch von gülle
sonne silbern nur verstohlen

zwischen wolken

selbst weidengold
noch zart ins silber schimmernd
und glanz auf transparenter
plastikhülle

Plötzlich blauer Himmel

Junge Segel,
zitternd im Wind,
die trocknen Blätter
vom Vorjahr.

Sonnenbeglänzter Ilex
verhüllt seine Dornen.

Krähen den Nebel vergessen,
aus sumpfigen Siefen empor
wachsen Buchen
schlank.

Und Finken schlagen
vorzeitig Frühling,
träumen zirpend
von nestwarmer Brut.

Frech hat Gülle,
verdünnt,
mit Veilchenduft angebändelt,
und Motorsägen
gesellen sich fröhlich.

Am Höhenweg eifrig
eilt ein Traktor dahin,
und plötzlich frischblauer Himmel
gibt warmen Rücken und Bauch.

Erster Mai

Ein Tropfen blinzelt mir den Regen-
bogen zu und Vogelzwitschern
siegt in meinen Ohren gegen
Tinnitus und Autorauschen.

Als wenn mit offnen Augen stände
die Luft, die helles Warten ist,
hält an den Ohren sie die Hände
und horcht auf das, was kommen wird.

Über Nacht mit Tau auf seinen
Schultern steht der Rasen da
auf noch recht kümmerlichen Beinen,
doch schon Sonnenwiesenbruder,

der hinter vorgehaltner Hand
schon raunt von einer Buttermagd,
die er im Kuhstalldampf gekannt,
in ferner warmer Sommerzeit.

Ihr voller weicher Busen, rund,
und der leicht wippte beim Bewegen,
und feste Hüften, recht gesund,
will ihm nicht mehr aus seinem Sinn.

Ein scheeler Blick dort zu den Eichen
zeigt, es sind noch unbelaubt
so manche Äste und nur Zeichen
schickt bisher verstecktes Grün.

emailhimmel

gewölbte brosche aus blauem email
spannt ihren glänzenden bogen
von mallorcamaschinen wie spinnen am seil
mit weißkrakelee überzogen

unendlichkeit platzt nun in meinem gehirn
und feuerwerkssterne langsam sinken
wie fallende blätter auf meine stirn
wo sie met aus jasmindüften trinken

und obstinates flugzeuggebrumm
sonst den nerven ein ständiges kratzen
paart sich heute mit nahem insektengesumm
und den ewigen tschilpenden spatzen

und spielerisch weht heut passat in den
bäumen
vor dem prächtigen rosengold
lässt die kugel im riesigen kegelspiel
träumen
von dem spiel das da rollt und rollt und rollt

und die gärten vergessen die ständige pflicht
freun sich nur ihres grünenden seins
wo sie sehen im wechsel von schatten und
licht
mit erstaunen: die welt ist ja eins

Diesiger Sommermorgen im Schwimmbad

Blaue Plastiksäcke stehn verwundert,
weil sie noch nicht gefüllt sind. Auf dem
Rasen
picken Amseln, herrschend, und ein Mann
auf seiner Decke hockt wie sonst dort hundert.

Blaumilchdunst aus Waldrand sickert über
Türkenmädchen, die mit Handgelenken
zierlich ohne Männerblicke schwenken,
und manchmal spricht ein Windhauch leicht
darüber

wie aus fernen Gegenden in Chile.
Vier Jungen eifrig hoch vom Sprungturm
springen,
und sie vergaßen neben andern Dingen
Konkurrenz und auch Computerspiele.

Ruhig ziehen drei nur ihre Bahnen,
die Umwälzpumpen rauschen recht ergiebig,
und im Rauschen können sie noch ahnen
den Urwaldwasserfall in der Karibik.

Juli

Manchmal will der alte Urwald
durch die Planquadrate brechen,
wenn in der Luft, im Dampf von Asphalt
schwanger, Bremsen lästig stechen.

Wenn Engelshaar am faulen Bache
im dunklen Schlamm den Schierling süßt
und Gift des Fingerhuts nach Rache
schreit und Brombeerdornen grüßt,

aus denen zierlich sich die schlanken
Geißblattblüten rüberranken
mit ihrem scharfen Jungfernduft.
Und der ihn riecht, der gilt als Schuft.

Und dichte Nesselbüsche drängen
durch schiefen Stacheldraht hindurch
und wollen nackte Haut versengen.
Im Schneckenschleim läuft schnell ein Lurch.

Bussarde kreisen über Moder.
Sie können sich noch nicht entschließen,
ob sie auf Ratten, Mäuse oder
Motorradrallyes runterschießen.

Gewitterpause

Wolken
lassen ihre Muskeln spielen.

Als sie flüchten,
hinterlassen sie
ein schwefliges Türkis.

In letzter Ferne
lauert heimtückisch
ein Orakel
weitren Unheils.

Aufgeregt sich windet
die Gardine durch die Tür
ins Innere.

Ist dort Zuflucht?

Heftig schütteln Sträucher
und ungehalten ihre Köpfe.

Wir sind nackt
und ungeschützt.

Ewig blauer Sommerhimmel

Manchmal ist es wie ein Schweben,
das dich in der Waage hält,
als wärst du längst schon ohne Leben,
entflohn dem Trubel dieser Welt.

Deine Wünsche und dein Sehnen
einem Gegenwärtgen weichen,
und Erinnerungen lehnen
blass, bis sie im Meer verbleichen.

Du ziehst wie eine Schwalbe deine
Bahn im Himmelsblau, im leichten
Sommerwind, an einer Seidenleine
zum fernen Ziel, dem nie erreichten.

Ist diese zauberlose Gegen-
wart voll träumeloser Ruh
das, was dein ganzes Leben du
erwartetest als großen Segen?

sommertag mit karibikwolken

bussarde über buchenhochwald kreisen
eigentlich wollten sie mal gern verreisen
doch wundern sie sich heute nur und freuen
sich über diese wunderbaren neuen
weißen kissenhochgebirge aus
der karibik die sich immer mehr verdichten
über schrägen wiesen und auch fichten
dabei vergessen sie die beutemaus

und in der ferne steht wie filigran
ein strommast in der schwülen luft
vergisst was er der landschaft angetan
von strenger gülle nur ein leiser duft

und wenn sich auf der einsam schrägen wiese
schon fast bedrohlich türmt ein wolkenriese
verstummen kurz geräusche der motoren
und unerwartet ruhe bietet sich den ohren

und gegenwärtig säuerlicher erdgeruch,
fast wie ein oft gebrauchtes küchentuch
und etwas süße mischt sich hier nur selten
schon eher ein geruch aus fremden welten
und scheinbar wird gewohntes uns so fremd
und fremdes wird uns ganz zum eignen hemd

so schenkt uns duft am wald von
weidenröschen
und bienenflug mit prallen vollen höschen
einen kurzen augenblick wie mitten
aus der langen zeit herausgeschnitten

Spätherbst

Stacheldraht an alten Pfählen,
moosbesetzt mit rauem Charme.

Elektrozaun und Pflaster
im Verbund, sie haben
freies Schweifen längst verboten,
im Komplott mit Handymasten.

Silikon, das zäh versucht,
durch müde Blätterhaufen
kalte Hand des feuchten Lehms
- und alles - zu vertuschen.

Solitärkamingeruch,
der stemmt sich mühsam
gegen Dunkelheit,
die unaufhaltsam näherkommt.

Unverhoffte weite Öffnung
in einen Abendhimmel
welker Blutorangen,
später Verheißung von
gediegnem Gold.

raureif

weiße spinnennetze drängen
überall uns in den sinn
eisgebilde wie aus zinn
schwer an langen seilen hängen

silberner altweiberfaden
kann sich nun im nebel baden
ilex an gezackten rändern
prahlt mit filigranen bändern

eichenblätter ganz vereist
wie wenn kostbar und dezent
glasur der raureif brennen könnt
muranoglas mit feinem geist

wiesenstücke bieten alle
unter silber heimlich golden
an staudenrispen und an dolden
kraus und zierliche kristalle

und alles still in ruhe wartet
wie in geheimer kumpanei
mit moos und flechten zwei
die sonst auch nur kaum beachtet

schneewanderung oder wieder zurück

weite flächen blauer himmel mexiko
kahle rote äste auch
am rand des weges knallig rote
hagebutten ab und zu
eiskristallpaläste
an den gräsern
und auf weitem feld
illusion von ferne
unbekannter fremde
märchenhafte abenteuer

doch schmerzhaft in die augen stechen
unterbrechungen von stacheldraht
zäune mit elektroladung
rufen in erinnerung banale
realität oder was
sich so nennt

und gleich am rande puderzucker
von angewehtem schnee
und darauf
kristallpaläste
tiefer traum
von andentälern
traut im winter

wo bist du zuhause
hier im weiler
der sich duckt
dort in der mulde
ganz mit schiefer

ringsum geschuppt
gepanzert und gedeckt
so gings ja noch

aber drinnen
in jedem haus das gleiche
fernsehprogramm
und vor jedem haus
die gleichen autos vor der tür
und nicht allzu weit
der straßen hässlichkeit

schönheit allenfalls
als inseln aneinander
hintereinandergereihte
kurze momente
stets in erwartung
der sonne
des lichts
der wärme
blinkender fernen

Begegnungen

Der Angler

Ganz versunken sitzt er an dem kleinen,
mit Stacheldraht ringsum umgebnen Spiegel
des Wassers, des Geheimnisse und Siegel
er nicht durchschaut und die ihm trotzdem
scheinen

wie Versprechen aus dem Paradies.
Mit Rangerkleidung aus dem Wilden Westen
und Jeep mit Vierradantrieb will er testen,
was Abenteuer und Natur verhieß.

Sein Wildnis-Viereck scheint ihm ganz perfekt,
obwohl die Beine er halb schon beim guten
allabendlichen Fernsehwestern streckt,

und Zweifel heimlich lassen ihn vermuten,
dass Ausnutz hinterm Jahresbeitrag steckt
und hinter lästigen Vereinsstatuten.

Gesichter

Als wenn sie einen Abdruck hinterließen,
der dein eignes lädt mit Energie,
und müde sind die, die schon lang vermissen
einen fremden Blick mit Empathie.

Das Baden in der Menge bringt dir kleine
Stöße mit nur herzlich wenig Volt,
doch ist es trotzdem besser, als wenn deine
Psyche einsam in den Graben rollt.

Wie Starkstrom ist das eine, das du liebst.

Manche sind von einem Glanz umgeben,
der seltsam wie ein Engel dich berührt,
vielleicht sogar bewirkt ein leichtes Beben,
das uralt alte Feuer in dir schürt.

Und es kommt vor, dass sie das deine fliehn,
wie voll Bestürzung du vermeinst zu spüren.
Der Glanz der eignen Augen dir doch schien
für immer fähig andre zu berühren.

Enkel jüngen dein Gesicht aufs Neue.

Doch was hat manchen Kindern unsre Zeit
gebracht?
Hat ihr Gesicht heut schon in jungen Jahren
Enttäuschung stumpf und aggressiv gemacht?
Weil ihre Kinderträume größer waren?

Enttäuschung oder Trug von Apparaten,

die ihnen Geist und Freiheit rauben.
Weil sie in Müllbergen von Spielzeug waten,
nicht mehr an Freundschaft oder Liebe
glauben.

Sie flehn dich insgeheim, sie anzuschauen,
mit Hoffnung, die in jedem Blick verborgen,
die nötig ist, um Leben aufzubauen,
ihr bisher karges Dasein zu versorgen.

Zwei Reiterinnen

Wenn die Straße zu zweit sie als Bühne
betreten,
wird stumm um Applaus der Passanten
gebeten.
Zusammen verlieren sie das Lampenfieber.
Gemeinschaft macht stark. So ist es uns
lieber.

Wenn gemächlich im Schritt sie leutselig
grüßen,
im Steigbügel fest mit bestiefelten Füßen,
froh, dass nun endlich im Grunde bei beiden
sie selber den Weg und das Tempo
entscheiden,

elegant sie im Sattel nach hinten sich drehen,
wo sie gönnerhaft nachsichtig lassen
geschehen,
dass die Pferde nach unten was fallenlassen,
fast königlich nunmehr die Zügel sie fassen,

und die Härte der Hufe ist freizeitgemildert,
der Schwanz wirbelt lustvoll, doch gar nicht
verwildert,
dann geschiehts, dass sie stolz, mit
gezähmter Lust,
doch jede für sich denkt, ganz selbstbewusst:

Die Straße gehört doch im Grunde uns
zweien,

unsre Bühne, auf der unsren Auftritt wir
zeigen,
uns danach vor dem Publikum huldvoll zu
neigen
und so unserm Leben noch Sinn zu verleihen.

Münder beim Bahnenschwimmen

Wie durch eine Leinwand von türkis-
blauem Wasser sind die Köpfe und
ein breitgedrückter oder runder Mund
durchgesteckt, wie wenn ein Maler ließ

in der Oberfläche kleine Lücken,
die im Kontrast zu allzu großen Flächen
und ihrer Sauberkeit und Ruh mit frechen
Details und seltsamem Dekor entzücken.

Die muss verachtungsvoll nach unten pusten,
vielleicht weil ihre Katzen sterben mussten.
Und der macht dauernd einen hohlen Mund
wie Fische. Denkt er denn, das ist gesund?

Die bläst die linke Backe auf wie Wind
fürs Segel, und dort dieser andern sind
an ihrem Mund die Lippen schmal
verschlossen,
doch dabei sind die Augen kaum verdrossen,

sie scheint verschmitzt zu denken: Nein,
nein, hier kommt mir kein Wassertropfen rein.
Die nächste aber schließt die Lippen nicht
und hält entzückt nach oben ihr Gesicht,

wie beim Orgasmus oder kurz davor.
Und die muss regelmäßig untertauchen,
um dann durch das Lippen-Brunnenrohr
des rotgeschminkten Mundes auszuhauchen.

Die letzte atmet langsam, regelmäßig,
wirkt weder gierig noch gefräßig,
hält Ober- über Unterlippe und
verformt debil dabei fast ihren Mund.

Ob sie von ihrem Anblick gar nichts weiß?
Ganz stereotyp, wie eine große Puppe,
bläst sie nach unten wie auf heiße Suppe,
als wär das Wasser unter ihr zu heiß.

Wer ist der Maler, wer das Publikum?
Alltag/Schwimmbad heißt die Galerie.
Schau dich rechts nur oder links mal um.
Und das Bilderschauen endet nie.

Der Springer

Im Bewusstsein seiner Muskelkraft
er den Sprungturm langsam nun erklimmt,
die letzte Leiterstufe schnell noch nimmt
und nun Atem auf der Plattform schafft,

wo er den Körper dreht und wendet
zum Publikum, das weg ist, hin,
- obwohl er nur sich selbst im Sinn -
und schließlich an der Spitze endet

des Sprungbretts, wo die Knie lässig wippen,
die Angst so nebenbei bekämpfen
und deshalb leicht den Schwung noch
dämpfen,
ein mutger Luftstoß fährt in seine Rippen,

dann hebt er ab, doch muss sein Flug
enttäuschen,
und in der Luft hält eine Hand Balance,
ein Augenblick hält still ihn wie in Trance,
noch nicht berührt von kommenden
Geräuschen,

als platschend hoch das Wasser spritzt,
den Hauptdarsteller sieht man nun nicht mehr.

Und sein Gesicht ist kaum verwundert, leer,
als auf der stillen Bank allein er sitzt

Bahnenschwimmen

Die denkt an ein Grillfest in Polen,
drum kann sie jetzt nicht überholen.
Den Blick in die Ferne gerichtet,
die Lehrerin Hefte aufschichtet.

Der muss den Gartenzaun streichen,
kann deshalb dem andern kaum weichen.
Der macht sich ums Enkelkind Sorgen,
schwimmt mehr als im Heute im Morgen.
Begegnung, die findet nicht statt,
weil jeder Gedanken nur hat
für die eigenen Weltenbahnen,
und vom anderen kann man nur ahnen,

was ihn denn nun wirklich bewegt,
und Wert wird auf das nur gelegt,
was einem selber ist wichtig,
das sonst Drumherum das ist nichtig.

Die Verachtung der Welt ist so groß,
dass manche sich mit einem Stoß
ins untere Wasser begeben,
sie wolln mit der Umwelt nicht leben.

Alle könnten den anderen spüren,
die Haut sogar manchmal berühren,
könnten sehen des andern Gesicht,
doch schaun sie in Wirklichkeit nicht.

Das Begegnen scheint wie ein Tabu,
und es deckt sie ein Nichtkennen zu
wie ein großes und schamhaftes Tuch.
Ein geheimer, unendlicher Fluch?

Dein fliederfarbener Pullover

in der sonne gegenüber
versuchte deinen blick zu fangen
doch du warst tief in sorgen welchen
der enkelkinder zukunft sterben könnten
dann hast du tausend vorbehalte
wenn meine hand dich suchte zu verführen
die stellen deiner schultern zu berühren
die in dir die alten lüste wecken
doch da saßen alte schrecken
welche ängste
die den alten taumel hinderten
in dem wir oft nicht oft genug
den lebensschmerz uns linderten
der als kinder uns vielleicht so schlug
durch den flieder spür ich deine haut die
altvertraute
wenn in yucatan der morgen graute
sanken wir erschöpft dann voneinander
in guten tagen duft von kuhmilch oleander
und auch heute manchmal altersheiße
stunden
doch warum warum nur immer wieder
diese alten ängste die dich plagen
noch aus uralt frühen tagen
die dich fort und weiter jagen
wohin wohin was suchst du nur wohin

immer dein gesicht

mal ist es stimmung
mal das alter
oder urlaubsonne
alltagsgrau
das ständig einen wechsel bringt

doch ist auch trotzdem
überdauerndes
was unverwechselbar
doch was

so viele einflüsse
auch meine doch
was lässt mich dich erkennen

am ehsten noch die stimme
der man nachlauscht
wenn auch sie sich ändert

und ein geheimes band
zu deiner haut
den augen auch
zu deiner haut
trotz welken
und trotz flecken
mehr wie sie sich fühlt

ein geheimer plan
der ändern einschließt
selbst dem ändern noch
ein muster einprägt
das nur ihm zu eigen

totenfeier für einen zirkusdirektor

warm und feucht schlug die luft
dumpfes und drängendes wachsen
aas und efeu im dunst
will mutterboden umschlingen
in mulmiger paarung von tropen und buchen

kühle strenge im dom
von mönchischer zucht
draus erhebt sich ein gaukelnder
schmetterling
von trompeten festlich begleitet
zur freude der menschen ein goldbunter
reigen
zylinder und knallende peitsche sich zeigen
ein direktor mit tressenbesetzter livree
die bühne des lebens für jedermann
von anfang bis schluss
das programm ist ein muss

nun hat jemand anders regie übernommen
sanft zeigt es der orgel
ansteigender bogen
voll ruhe und trost
doch zugleich
ein milder
unbeirrbarer taktstock
und leis nur im winkel
hockt sehnsucht verstohlen
nach kindheit und mai
mit veilchen und flieder
oder ist es geheimes wehen hinüber

dem tageslicht fremd
vom zirkus gehemmt
das von dort ein flüstern uns schickt
bleibe ruhig bleib ruhig bleib

Ich liebe meinen Hass

Ich liebe meinen Hass
und meine Wut
und meine Angst
und schwarze Sonnen
tiefer Depression,
wenn sie auch oft
mich an den Rand des Überlebens bringen.

Doch mehr noch lieb ich
meine Lust und
meine Liebe
deine Zärtlichkeit und meine
und des Lebens bunte Vielfalt
rings umher und in der Ferne
tausend Farben.

Ich lieb sogar
des Alltags ewige Routine,
die leichte Abwandlung
im ewig Gleichen
und die Wiederholung,
Graugrisaille.

Nur der bedeckte Himmel
ohne Einzelheiten,
Grau in Grau,
und dumpfer Sinn,
noch kann ich euch nicht lieben,
will es nicht.
Muss auch das noch lernen?

Unser blühendes Abbild

Blumen

Weit entfernt von bloßer Zierde,
seid ihr Bilder uns von Träumen,
ferner Sehnsucht und Begierde,
die den Lebensweg uns säumen,

von Tausenden Erinnerungen
an manches Knospen und Verfallen,
die eng uns ins Gehirn geschlungen,
als Echos in uns widerhallen.

Lindes Bild des Daseins und
seiner Unzahl von Gestalten,
von Formen und von Farben bunt,
wo stets der Schönheit Regeln walten.

Zu allem Überfluss schenkt ihr noch Düfte,
die tiefes Einverständnis regen,
Blicke in der Kindheit Klüfte,
Andenken an uralten Segen.

Fällt der Gedanke uns auch schwer:
Ihr zeigt nicht Dauer, dafür steten
Wandel und die Wiederkehr,
ein Band dem Schicksal des Planeten.

Ihr wollt uns Leichtigkeit und Schwere,
Jungfräulichkeit und Reife zeigen.
Der Anmut und der Fülle Reigen
Sind Engel in des Weltraums Leere.

Welkende Tulpen in der Vase

Die Blätter gelblich sich verfärben,
der Stiel geschlängelt will umgarnen
und damit Untergänge tarnen,
täuscht Üppigkeit nur vor im Sterben.

Schamlos bloß nun liegen kecke
Stempel und Staubgefäße prall,
während der Blütenblätter Fall
des Herbstes Spiel spielt auf der Decke.

Schon fällt nach unten Blütenstaub
nicht wissend, dass ganz nah das Ziel,
doch ist es einfach blind und taub,

und fehlen Wind und auch die Bienen,
nützt Reife und auch Trotz nicht viel:
Bald bleibt von allem nur: Ruinen.

Die Tigerzunge blüht

Grüne Flammenschwerter tragend,
ganz dicht beieinander ragend,
mit scharfen Spitzen Wächter stachen,
die eifersüchtig streng bewachen

die, die mit scharfem süßem Duft
plötzlich nach Befreiung ruft,
geduckt im Schatten großer Väter,
immer nur geträumt von später,

zaghaft, ohne schöne Kleider,
weder sie noch ihre Schwestern,
nie im Morgen, stets im Gestern
nie sich schminken durfte leider,

nun mit Blütenrispen vielen
zaghaft aufwärts strebt zu Zielen
und mit ihren Schwestern bang
unvermerkt dazwischendrang.

Kleinen Tropfen sondert Lust
aus ihrer eingeengten Brust,
die von einem Sonnenstrahl
als Prisma oder Diamant zur Wahl

die ganze bunte Welt ihr spiegelt,
oder ist es eine Träne nur,
die ohne Duft und ohne Spur
Vergänglichkeit ihr nun besiegelt?

Löwenzahn nach dem Regen

Leergefegt und hochgeschossen
seine hohlen Stengel,
deren lichte Lampions
und graue Transparenz
bescheiden eine
Hoffnung uns versprachen.

Die Blätter sind ins Kraut geschossen,
saftig breit und dunkelgrün.

Wie aus dem Tritt geratne
Spinnenbeine
in der Gegend rum
die Stengel hängen.

Sie warten jetzt auf Frucht,
Vermehrung überall
durch zahllos
endlos viele
Samenflieger.

Orchidee

So zeigt sie Reichtum dir am Rispenbogen
durch Wiederholung einer Kostbarkeit,
an deren weißen Flügeln Unschuld schreit,
die, wie von fesselnder Magie gezogen,

noch fast unmerklich hilflos sich bewegen
solange diese fremde Pracht noch blüht,
dahin, wo unvermittelt das erglüht,
was Scham und Lust zugleich mit Rot
erregen.

Dort sieht man eines kleinen Tigers Lippen,
die einen irrealen Raub erwarten,
und an ihrem Ende zierlich wippen

Tentakeln, die dich sanft und schnell
entführen
und im exotisch schwülen Urwaldgarten
den Rücken deiner Biederkeit berühren.

Funkenlilien

aus sattgrünem teppich von herz
förmigen blättern im märz
noch gar nichts zu sehen
doch jetzt
wie ein dämmriger schummriger hain
mit vornehmen adern und edel gebogen
drunter feuchtigkeit ahnend
oder schattiges dunkel

der blüten klaviatur
schlanke glöckchen gezähnt
und zieht langsam hinein
ins schneeige weiß
blasses lila wie gift
und klingende stempelchen läuten
ein silbernes klopfen

unverdient ist die zutat der blüte
die knospen voll praller verheißung

Kapuzinerkresse

Nicht Mauerblümchen. Doch Bescheidenheit
prägt blässlich-gelb die Fäden, die sich
winden
und so den nötgen Weg zum Halten finden
für dieses zart hellgrüne Blätterkleid.

Nicht übermächtig. Doch geheimes Lenken
führt auf der Welt dich stets zu neuen Plätzen,
wo du mit deinen sanften stillen Schätzen
Betrachtern deiner Blüten Pracht willst
schenken.

Nicht Blumenkönigin. Doch preisgekrönt
für den, dem Anpassung an viele Lagen,
zwar nicht sofort und ohne Kampf, behagen,
doch letzlich weder hoch noch tief verpönt.

Nicht ohne Wehr. Doch wirst du gerne danken
dem Gartenfreund, der schwarze
Blattlauswichte
vertreibt und deinem Drang zum Sonnenlichte
mit Gittern oder Schnüren hilft beim Ranken.

Nicht Liebe auf den ersten Blick gilt dir
und deinem schiefen Blatt bei jedermann,
doch hält vielleicht sie umso länger an
schaut er den zarten Glanz der Blüten hier.

Clematis

Am Felsenhang der Häuserwand
dein untentwegtes stilles Ranken,
Drehen, Schlingen, Suchen,
an einem Vorsprung Ruhe fand,
um leise schaukelnd Blüten
dort ans helle Licht zu tragen.

Freie Blüten leuchten, strahlen.
Blau und violettes Prahlen,
erst satt und samten,
dann verblassend,
nur ein trocknes Fähnchen lassen
hilflos wedelnd sie zurück
und zum Schluss nur noch zwei Pinsel.
Schützen den Beginn der Frucht.

Aus dem Schatten höher streben,
und aus Mühen Leben weben.

Leben blüht nur kurze Zeit.
Rückschnitt ist gescheit.

Herbstanemonen

Herbstanemonen sind wie Kinderspiel.
Des Lebens Ernst, er gilt nicht viel.
Wie leichter Wind im Sommerkleid.
Von Dämmerung und Nebel weit.

Gezähnte Blätterzonen treiben,
damit sie nicht im Dunkel bleiben,
Stiele gertenschlank nach oben,
wo sie alsbald das Lichte loben.

Dort bilden sie aus Knospen Kronen,
die sie mit Zwiebelkuppeln lohnen,
um sie mit weiten offnen Händen
an rosa Blüten zu verschwenden.

Die schaukeln sanft wie Schmetterlinge,
als ob ein Hauch Bewegung bringe,
wie ein Gesicht mit glatten Wangen,
dem fern ist alles Fürchten, Bangen.

Wie Schultern, zart und unberührt,
und mittendrin ein Leuchten führt
zu Kränzen nun aus goldnem Faden,
die Bienen hier zum Schmause laden.

gartendüfte

süß und scharf ist deine jungfrauschaft
dein duft ein silbern messer saft
der hell real und doch zugleich
orgien fordert die dich bleich
betäubt ermatten
deren herkunft schatten
feuchter dunkler wald
doch dann bald
weihrauch helle kleider flieder
maiglöckchen läuten wieder

vornehme dame aus südfrankreich
zypressen stehen rings am teich
lavendel
herber duft aus taft und samt
der aus ernstem auge stammt
dunkler braue drauf geschminkt
arm mit leichten härchen winkt
altstimme ruft
lavendelduft

deine weiße raubt den atem mir
werde rückwärts überrascht von dir
pralle knospe blendet
spendet
macht dich selig
du willst ewig
doch **jasmin**
dein duft wohin
bleib
so kurz

bleib

du wirkst eher nun alltäglich
exotik bei dir recht verträglich
zitronenmelisse ich fasse
mit spitzen fingern die tasse
am esszimmertisch
vielleicht noch ne quiche
mit löffelchen rühre
sonntagnachmittag spüre

salbei herbe süße
zögernd ich dich grüße
komm du verbirgst uns doch was
oder ist es nur dass
heilkraft stiller ernst
du uns entfernst
von überschwang
doch ein wenig bang
bitterkeit enthältst
dich mit wild vermählst

Eisenhut-Blüte

Ultramarines Blau wie der Madonnen
Kleid, darüber silbernfeines Leuchten
von Perlmutt und dem Klang von feuchten
Lippen und von fernen dunklen Sonnen,

verbirgst du hinter lichten feinen Härchen
samtne Dämmerung mit schwarzen Ketten
deiner Schätze und an violetten
Schläfen dein geheimes Orient-Märchen,

wo Hummeln sich in Gelborange berauschen
mit Honig, der aus deinen Lenden taut,
und Rausch mit ihrem Überleben tauschen.

Dein Gift gestattet uns nur deine Haut
und Staunen aus Distanz und stummes
Lauschen,
wenn dein riskanter Zauber auf uns schaut.

Blauer Hibiskus vor Himmelblau

Hundert Himmel der Vollkommenheit,
Festigkeit, geheimes Rot
und Violett im Blau,
die weiße Kerze
einer Fruchtbarkeit
in Lilarot.

Und Blühen nur
für einen Tag!
Des Lebens Sinn
im einzgen Tag
der Blüte?

Seht sie nur!
Es läuft
die Uhr.

Blaue Hibiskusblüte

Malvenfarben
räkeln sich die Häute
wie Opal
mit feinen Adern.
Alle Künste der Verführung.

Den langen androgynen
Zapfen wolln sie
präsentieren,
weiß herragend
aus geheimnisvollem Grund.

Hummeln fallen wild
drauf rein, voll Eifer
wie im Rausch
zum Grunde reitend,
weiß bestäubt
wie Bäckerburschen
dort den Nektar saugen.

Wir pflanzen den Hibiskus.
Hummeln haben Nektarpollen,
wir die Schönheit:
ratlose
Symbiose
zu dritt.

Der ganze Reichtum dieser Welt

Der ganze Reichtum dieser Welt
mich farbig hier umfangen hält.

Aus grüner Vielfalt leuchten,
mit Duft nach Honig und nach Heu,
ganz unten strahlend Männertreu
und drüber weiß und kirschenrote
Oleanderblütenpracht,
wie aus dem Mittelmeer ein Bote,
den sie in unsre Breiten scheuchten.

Und Clematissamthaut sacht
und Knöterich und weiße Rosen,
Lavendelblüten, die verbleichen
und alten Damenkleidern gleichen,
und Hummeln sich mit Rausch belohnen
am Mund der Japananemonen.
Neben weißem Phlox blüht auch
malvenblau Hibiskusstrauch.

Eigenartige Verwandte

Schwäne

Fast, als wenn sie es vertuschen wollten,
so gründeln manchmal sie so nebenbei,
wie etwas, dem sie keine Achtung zollten,
als wär die Nahrungssuche einerlei.
Wenn flüchtig sie den Bürzel hin und her
bewegen, wolln sie gar nicht schauen,
als ob es ihnen furchtbar peinlich wär,
dass sie nun fressen müssen und verdauen.

Da ihnen graust vor undezentem Lärm:
Das Vorwärtsrudern und das Steuern haben
sie wie unanständiges Gedärm
von Schiffsmaschinen unter sich vergraben.
Einmal Notwendigkeiten zu erfüllen,
auch wenn sie noch so leichte Bürde,
und einfache Bedürfnisse zu stillen,
verachten sie als unter ihrer Würde.

Sie ziehn wie edle Rosse, die sich zügeln,
mit vorgerecktem Hals, in stolzen Posen,
und an den Seiten ihren weißen Flügeln,
die wie aufgeblähte Pluderhosen,
wie zu einem großen Feste, reich
geschmückt mit Tänzen, Klängen und mit
Licht,
vermeiden zu berühren diesen Teich,
der eines Schwans Bedeutung nicht
entspricht.

Zu königlich im Grund sind sie für dieses

kleine Schloss und seinen dunklen Tümpel
mit plumpen Karpfenmäulern und sein mieses
Ufer, seinen Schlamm und sein Gerümpel.
Und mit verborgener Missachtung strafen
sie jedes Ding und alle, die nicht führen
zu Träumen von ganz andrem Meer und
Hafen,
die nicht so peinlich ihren Stolz berühren.

Doch manchmal kann es unverhofft
geschehn,
dass eine heimliche Komplizenschaft
der Sonne ihnen leiht von ihrer Kraft
und abends plötzlich pures Gold lässt fließen
in sanfte Bahnen ihrer Wellenspuren,
die sie im braunen Wasser hinterließen,
das sie nostalgisch und voll Stolz befuhren.
Dann ist es, als erhielten sie ein Stück,
von aller Welt gewürdigt und gesehn,
von ihrem Rang und ihrem Wert zurück.

karpfenflosse

ein karpfen ein sehr alter
aus seinem schlamme bog
die flossenspitze hoch
und wedelt wie ein falter

das wasser zu vier kreisen
die ständig ausdehnung beweisen
und immer größer ihre schritte
er selber stolz ganz in der mitte

bis sich ergibt ein runder spiegel
der seine handschrift trägt sein siegel
mit strauch und baum und sonnenflecken
und seinen wolken die den himmel decken

bis dann ein entenpaar mit bahnen
die ihn an endlichkeit gemahnen
und wie mit einem schwamm
die bildertafel löschen kam

und so den fisch den tauben
all seiner illusion berauben
in seine tiefe bannen und
in seinen trüben grund

Pauls Augen oder Sonett an einen Hund

Du blickst mich an mit deinen golden-braunen
Augen, deren Iris sind wie Schleifen
am Geschenk und deren Farbe reifen
Birnen gleicht, die schauen nur und staunen.

Von unterm Stuhl hervor von deinem Kissen
im engen Kästchen, fern der Wölfe Lauf,
schickst Demut, Angst und Treue du herauf,
die von den Himmeln nichts mehr wissen,

die du in jenen uralt fernenTagen
 mit deinen Brüdern und dem Rudel trankst
im Spiel auf weiter Steppe und beim Jagen.

Im Blinddarm der Entwicklung du versankst!
Wen können deine Traueraugen fragen,
ob draus Erlösung jemals du erlangst?

amsel

du bist auch öl und teer und straßenbahn
begleiter der alltäglichkeit
pullover rau schnell angetan
und sorgenstirnen vor der zeit
nur flüchtig abschiedskuss
der noch nach kaffee riecht
und schon nach herbem muss
die nächste schicht
und nach der nachtschicht gliederschwere
und statt begehren nur noch leere

doch wirklich bist du erdiges frohlocken
das der scholle schwerem lehm entfloh
und nach kurzem atemstocken
in des wipfels höchster spitze froh
sein unablässig lied entfaltet
tiefes kollern im triumphe
unablässig jubelnd waltet
und abwirft alles trübe dumpfe
hinauf zu fernen himmelsblauen
wolkenbergen lichterauen

Der Schafsbock

Wolle straff nach unten hängt
wie bei Yaks aus Urweltzeiten,
an die Unterwelt gedrängt,
gewachsen fest in Erdenbreiten.

Dünnbeinstöcke wie Atrappen
hält er fern von unserm Hirn.
Ammonshorn, sein Adelswappen,
trägt er stolz auf seiner Stirn.

Ungerührt kaut er mit sachter
Reflexion auf Wiesenresten.
Seine Augen dem Betrachter
folgen, jeder seiner Gesten.

Stolz die Nase nicht verhehlt,
die Augen nicht zum Brüten taugen,
wie der Stumpfsinn, der da schwelt
in seines Volkes blöden Augen.

Wolle schwarz am Schädelbein,
mächtge Silberrückenbürde
scheinen Urbild uns zu sein
unsrer eignen Menschenwürde.

Spiegel unserer Seele

Flechtenblüten

Flechtenblüten, die wie rote Schalen
sich auf schlanke Stängel wagen,

und ein Perspektivenwechsel
lässt sie palmenartig ragen.
Wie Geschwüre gleich daneben
kohlkopfartig blasses Leben,
das auf Muskeln längsgestreift
auf feuchten Buchen Himmel greift.

Versunken in das Winzigkleine,
suchst du auch das große Eine.

Sternenhimmel über Wüste,
weite Brust und kühle Luft,
wo dein Geist das Eine grüßte,
nichts mehr schreit und nichts mehr ruft,
wo die Klarheit fast beklemmte,
nichts mehr Blick und Ohren hemmte.

Suchst du auch das große Eine,
niemals bleibst du gern alleine.

Schicksale, die dir erzählten
tausend menschliche Gesichter,
tausend Hände, die dich wählten,
deine Augen zu verpflichten,
sie dem Leben zu bewahren
in des Seins endlosen Scharen.

Brüder in der Einsamkeit,
jedoch von dem Einen weit.

Nur im liebenden Umarmen
des andern weichen Leibs, des warmen,
hast du häufig es besessen:
glückliches vereint Vergessen
gemeinsamen Verlorenseins.
In Milliarden Galaxien eins
fühltet ihr euch winzigklein
und zugleich als Ein-zig-sein.

bergische badewannen

stehn schief auf der wiese
weißes email
schräges wasser darin

und schlürfende rinder
saugen ins maul
schaben mit langer
und rauer zunge

spüren sie noch
insgeheim
die glänzende haut
die einstmals darin
mit wonne gebadet

sind ihnen noch
der vergangenheit hüllen
gegenwärtig
wie raupenhäute
aus alten zeiten

oder leben sie nur
zwischen grasschopf und stacheldraht
verdampfenden fladen
auf holprigen wiesen

im penetranten geruch
verdünnter gülle
der süßlichen frühling
manchmal vortäuscht

Wildbach

Gewunden stürzend und springend
in silbern blinkendem Fall,
murmelnd, rauschend und singend
hüpft in der Schlucht er zu Tal.

Darüber verfaulende Stämme,
jungfräuliche Buchen am Rand,
Blattstau und Stock bilden Dämme,
Tümpel aus Seide von Samarkand.

Der schlanken Buchen Erstaunen,
von Neugier und Ehrfurcht bewegt,
dunkel bedroht von den Faunen,
von Geißblatt und Waldrebe luftig gehegt.

Und rotbraunes Laub vom vorigen Jahr,
Vorläufer von künftigem Boden.
Daneben das Moos wie pelziges Haar
und Flechten wie hautige Loden.

Mäandernde Schere des Wassers schlägt
Wunden
aus Humus und Lehmbändern fließendes
Blut.
In rötlich und schwärzliche Felsen fräst
Schrunden
die Kraft, die im ewigen Fließenden ruht.

Schönheit, die oft in der Natur uns verwehrt,
vom Denken an Zwecke des Menschen
entehrt,

ist hier eng verbunden mit Gedanken an Tod.
Frisches Leben neben Fäulnis, Moder und
Kot.

Warum nur wollen wir häufig so sehr
in lebendiger Vielfalt Gestorbenes hassen
statt die Dinge im endlosen Hin und Her
so sein wie sie sind - zu lassen?

Schwarze Sonne

Heuduftlüge,
Teergeruch Betrug,
der Fäulnis nur und Leere
will vertuschen.

Verräterrische Plastikplanen,
zerrissnes Brautkleid,
Leichentuch.

Der Bussard
fliegt den düstern
Flug der Eule.

Im Weiherspiegel
keine Märchen,
nur das Grauen
hockt.

Schwarze Sonne
träufelt endlos Gift
in deiner Seele
Schattenwald.

Feuchtwald

Ein fremder Pilz
aus weißem Gift,
gewachsne Bürstenschöpfe
wie aus Styropor.

Geheime Invasion der Flechten,
Pilze, Moose
unbemerkt aus tiefen feuchten
Tälern, Bachsysteme,
kaum bekannt.

Sonst wärn sie längst
schon eingeebnet,
betoniert,
vor Furcht, das Leben
gewänne endlich Oberhand.

Baumstämme, abgestorben
zwar, doch neuem Leben
Raum gestattend,
Pilzen braun,
wie Treppenstufen,
Sägemehl vom Specht
vor seinen Höhlen.

Wie altes Gartentörchen ächzt
ein schwerer Ast, der andern reibt,
des Bussards Schrei
Gemisch von Gier und Sehnsucht
in der Höhe.

Und Fichten rauschen
im Wind aus alter Zeit.
In seltnen Tannen
singen kleine Meisen,
Krähen krächzen
überm Wiesenhang.

Und manchmal
hinterm Hügel
rauscht Verkehr
langweilig
eindimensional
und platt.

Begegnung mit dem Genius

Moses

Tausendmal gesehn und nie geschaut,
in Werbung und in ähnlichen Gefilden,
aus kitschig dümmlich blassen Gips-Gebilden
als Dutzendware ekelhaft vertraut.

Gewaltig ist das Knie, der Kopf gedreht,
der Blick, gerichtet in ein fernes Land,
den Übermenschen Zarathustra fand,
unendlich Unbegreifliches versteht.

So hat der große Meister ihn geschaffen
mit Anspannung, Titanenenergie,
als Richter über oberflächlich Gaffen.

Was heut mit ihm geschieht, verzieh er nie.
Ein Blitzesstrahl zerschmetterte die Affen.
Ein Schaudern ruft hervor ein Mensch-Genie.

Nordfenster im Altenberger Dom

grau ist bei dir nicht wirklich armut
nein es versteckt nur eine größre fülle
eines reichtums der im innren liegt
sich nicht beschränkt nur auf die äußre hülle
und auf des marktes feilen tand
wo du mit schlanker feiner hand
die nur dem selbstgesetzten ziel sich biegt
die pracht der selbstbeschränkung breitest
und so den sinn des schauers leitest
gleichwie in einer bachschen fuge
ein besondrer pinsel malt
ein großes reich von grau und braun
das nur für die die wirklich kluge
augen haben und die wirklich schaun
in seiner ganzen schönheit strahlt
hier findet eine mönchische askese
in einer gleichsam späten lese
ihre eigne üppigkeit
verfeinert oder raffinierter noch
durch denken an die ewigkeit
ein reichtum der mit anstrengung erworben
wie siege nach dem langen lauf
und dessen kraft bis heute nicht verdorben
mit wirkungen des leuchtens von emaille
auf schreinen von mit gold verbrämtem kupfer
und nur hier und da zwei farbentupfer
setzen den akkorden aus grisaille
fast wie verschämt ein wenig süße auf

Altenberger Dom

In Ranken der Grisaillefenster
und an den Gewölberippen
hört man noch von bleichen Lippen
Choralgesang der Mönchsgespenster.

Säulen, hoch, mit Kapitellen,
die grüne Blattmotive zeigen,
und in den Gewölbezellen
von Wappenzier ein bunter Reigen.

Der Tabernakel ist mit schlanken
Säulchen und Gezier verschönt
und obendrauf von einem ranken
Nest mit Pelikan bekrönt.

Und in seinen tiefen Schatten
nimmt vorweg das Chorgestühl,
was erst im Barock sie hatten,
heimlich, kraus und gar nicht kühl.

Doch was ist der Geist,
der alles hier durchzieht,
das einzelne zusammenschweißt
zu einer Melodie im Lied?

Sind es die blutbefleckten Hände
der Herzöge, die hier begraben,
die knechteten die Bauernstände,
die selber kaum zum Leben haben

in Hütten, voll von Dreck und Schlamm,

wo Hunger, Tod und Krankheit lauern,
der Grundherr nahm das letzte Lamm,
wenn sie vor Eisesfrost erschauern?

Oder war es Gotteslob,
das frommes Herz im Ordenskleid
in mystischer Entrückung hob
in Klosters Abgeschiedenheit?

Heute ist es die Musik,
die diesem Raum die Einheit gibt
und Ohr und Herz des Publikums,
das Klang und Formen gleichsam liebt.

So wird der Klosterdom heut spät
als Biotop in Sonn und Regen
ein Tepui der Diversität,
wo Gegensätze sich bewegen,

wo Heut und Gestern sich versöhnen
Materie und Geist sich einen,
der Freizeitbürger feiert seinen
meditativen Kult des Schönen.

ware kölner dom

zur schleuse rein und raus
und abgehakt
noch fotos schnell
und anerkennend halb
viel arbeit oder so

zurück zum trauten duft
bratwurst und fritten

und der verzweifelte versuch
konzerte
alles aufzuhalten
wie huren des konsums
wie edelhuren

sind heiligschöne schätze
aus email und gold
geheimnisse der farben
in den fenstern
erhebende gewölbe
eine wirkliche geliebte

doch was ist
mit der geschichte dann
von geltungssucht
krieg und gewalt betrug

und trotzdem
bewahrt er doch das schöne
was einzig uns noch retten kann
wenn stiller wald längst abgeholzt

oder vermarktet schon
von der globalen riesenhaften
hure der macht

dann lieber noch
die hure schönheit
mit einem sinn
der ewig ist

Feuerwerk im Brühler Schlosspark

Das große Fest für alle Menschen,
das keinen Hass und keinen Streit
und keinen Kummer, keinen Neid
mehr kennt, und tiefen Freudenglanz
von innen her in allen zündet ganz.

Den blanken goldnen Instrumenten
gesellen sich am Himmel Sterne, Bögen,
als wenn sie sich seit ewig kennten
und mit den Kreisen, Quirlen, Kugeln zögen,
um leuchtend Einigkeit zu finden.

Neusonnen goldnen Regen gießen,
Sterntaler über Menschenmengen,
die friedlich aneinander drängen,
vergessnen Bruderkreis mit Händen schließen
und was getrennt war inniglich verbinden.

Ein endlich Jüngster Tag erscheint,
der das Gericht uns formt zum Fest
aus Liebesklang und Freudestrahlen
und Elend, Tod und Krankheitsqualen
nur von fern noch ahnen lässt

als Trauer, die getröstet ward,
und alles, was im Herzen hart,
mit Tränen sanft wie Balsam süßt,
als wenn von fern die Mutter grüßt,
die krankes Kind mit warmem Arm umhüllt.

saxophon und orgel

saxophon sexophon
der ruf des geschlechts
rührt ganz tief von unten
bodensatz des lebens
quirlt nach oben
kehlsack bläht sich
rot erregt
und lebensfreude energie bewegt
ein schrei von lust

ist das ein dom noch
schlank und keusch
von feuchter kühle
oder neuguineaurwald
kapitelle urwaldpflanzen
wilde rhythmen tanzen
säulenwiderhall
lockrufenschalll
im wald mit hohen stämmen

mal lockend
bass erstaunt
und innehaltend raunt
dann triumphierend
auf dem gipfel
hin und her sich wendend
balzritual mit gott
mit leib und seele

bringst du hervor
mit deinem hauch

den faulen duft
von werden und vergehen
ein blasebalg der keucht
und der exotisch ruft
und belehrst den gott
des kalten pasters
der liebe nur in psalmen nennt
im maßvoll wohlgesetzten stück

und nicht ekstase kennt
voll glück
Kuriose Gefährten

Plattenspieler

Silbern schwebt meine Spitze auf samtener
Haut,
die in glänzender Schwärze sich dreht ohne
Ende,
als ob nur sich drehend Erfüllung sie fände,
und kein Schrei, kein Protest und kein
klagender Laut,

ein Griffel, ins Fleisch seine Wünsche ihr
schreibend,
die sie fraglos erfüllt aus dem Schatz ihrer
Tiefe,
als ob mit der Stimme des Prinzen ich riefe,
dessen Liebe zu jedweder Hingabe treibt.

In scheinbar stets gleichen konzentrischen
Kreisen
entlockt ihrem Hirn mein beharrliches
Schweben
Harmonien und Klang aus vergangenen
Leben
und Behutsamkeit scheint mir Erfolg zu
beweisen.

Doch wohin mich nur lenkte die höhere Hand,
dem ich zustrebte heimlich als endlichem Ziel,
- und vom mählichen Nähern da merkt ich
nicht viel -
ist plötzlicher Stillstand.

Du hast mich zum Dichten verführt

Viel Zeit verbring ich jetzt mit dir,
denn du bewahrst getreulich meine Worte
alle,
und tapp ich wieder mal in eine Falle,
so gibst du neue Chancen mir,

hast mit allen meinen Fehlern stets Geduld,
regst an zu Neuem meine Phantasie,
ermahnst mich, jedoch tadelst nie,
entziehst mir niemals deine Huld.

Wie oft bist du ein Fenster mir zur Welt.
Du bist dann allerdings ein Freund für viele
Fern sei mir, dass ich neidisch schiele
auf den, der auch dich in den Armen hält.

Wenn ich dir nenn geheime Zauberworte
dann bist zu vielem du bereit
und öffnest gern mir ohne Streit
geheime Stellen und auch manche schöne
Orte.

Jetzt bist du Quelle meiner Phantasie
und dass ich früher konnt dich hassen
und einfach links dich liegen lassen,
verzeihen kann ich mir das nie.
.
Wenn ich jetzt zärtlich deine mm   drücke,
dann bist du meine erste Muse,
mit der ich ohne Ende schmuse,
und ohne dich bleibt nichts als Lücke.

Wenn meine Finger an dir tasten leise -
denn Grobheit jeder Art verträgst du nicht -
dann führst du bald in deinem milden Licht
die Fingerspitzen auf die schönste Reise

und zu ungleich höherem Genuss
zu streicheln deine liebe glatte Maus.
Ich glaub, ich schalt dich nie mehr richtig aus,
nur höchstens wenn ich einmal muss,
und schalt sofort danach dich wieder ein,
mein liebster Laptop, mein Computer mein.

Mal im Ernst

Wie wäre es dort?

Wenn ein neuer Planet mit Leben entdeckt
wär oder sogar ein richtiger Stern
und wir bis dahin noch nicht wärn verreckt,
wie wärs denn, gesteht doch, wie hättet ihrs
gern?

Auf jeden Fall alles mit Mittelstreifen,
und Leitplanken links und rechts und so?
Tiefgaragen und Frittengeruch,
aus dem Otto-Katalog noch das Leichentuch,
die Fernsehzeitschrift als Lieblingsbuch?

Oder lieber am Himmel die Gabelweihen,
Zugvögel im Herbste in langen Reihen,
ein Milan, allein in der Abendluft,
ein Bussard, der langgezogen ruft,
und im Frühjahr am Waldrand der
Veilchenduft?

Entscheidet euch langsam, die Zeit geht
vorbei,
die Uhr des Planeten ist abgelaufen,
und schon ist es längst nicht mehr einerlei,
ob ihr endlich beschließt, nun in Ruh zu
verschnaufen
oder weiterzumachen in Hetzerei
und den restlichen Krempel jetzt auch noch zu
kaufen!

keine alternative?

rechte winkel
und aus schräger perspektive
parallelogramme
die mit harter schramme
ihre trockne offensive
ohne kompromisse
um dich ziehen

bilderrahmen nicht ovale
tisch und stühle
fliesen kühle
fenster türen alle alle
setzen deinen weichen leib gefangen
der an keiner einzgen stelle
ihren formen antwort gibt
stattdessen nur gebognes liebt
und die endlos große fülle

wandelbarer formensprache
unklar definiertes dunkel reiches
selbst im harten letztlich weiches
statt gesetztem das verlangen
und statt ordnung manchmal bangen
suchen wünschen
sehnen

das gefängnis ist fest
von uns selber geschaffen
ja sind wir denn affen
dass niemals uns lässt
das feste korsett

das streckbett
das seit tausenden jahren
unser leben bestimmt
den atem uns nimmt
statt unser spinnennetz zu weben
für unser eigenes menschliches leben

in der hängematte

füße leicht nach oben zeigen
in den blättern der magnolie
weht der wind ganz sanft und ständig
luft ist samten schwül
wie tropenblüten
und das lied der amsel schwanger
von der zukunft fülle träumend
ahnt voraus schwellendes leben
wie im schaft sich geilheit steilt
doch zugleich in ihrem lied
flüchtiges vorbeigehusch
leichte eilige bewegung
und auch stillstand da
ahnt der erde drehung und der welten
nur zurück muss treten
besinnungslos geschäftig tun

wie der autos fernes rauschen
gut dass moloch autobahn
weit entfernt ist und nicht hörbar
diese menschen irrung wirrung
die wir alle teil und haben

zumindest ab und zu
ein tauchen in die tiefe
wo ruhe ist und auch bewegen
nicht hektik nein
und nicht vergessen
pflanzenblätter
die im wind
sich wiegen

und nur sind

Großstadtimpressionen

doppelverglasung

lautlos wie auf stillem see der kahn
schwimmt von rechts nach links herein
wer hält dich so auf deiner bahn
musst raupe oder käfer sein
zigarrenform doch schlanke
gut gefüllter praller bauch
von abgeklärter ruhe auch
mehr als materie ein gedanke
dein sinkflug wirkt wie selbstverständlich
wie ein partikel unterm mikroskop
der doppelscheibe sichtbar endlich
ein einzeller noch unentdeckt schob
sich kurz nur in der sonne blitzen
das präparat du staunend siehst
so ziehst du ziehst du ziehst

morgengeräusche

was dringt alles ein bei offenem fenster
den luftraum beherrscht gegen alle
gespenster   der
tschilpenden spatzen fröhlicher klang
gegen lkws ratternd und rumpelnd von links
wo mattblau das pflaster der bernauer rings
das fließband der autos in ständiges rauschen
verwandelt und stört fast ein wachsames
lauschen
dann plötzlich der straßenbahn quietschen
und pfeifen
wenn sie sich dort dreht in engeren schleifen
wie hohlschlüssel pfeifen und weinglas
erklingt
was auf dünnem rand nasser finger sonst
singt
mit silbernem sirren das seidentuch bannen
die mauersegler das himmelsblau spannen
und polizeisirenen ganz weit in der ferne
ostelbische krähen oder dohlen die gerne
die macht ihres winkels im hinterhofe
behaupten wollen mit dreister gewalt
und das keckern der elstern die heimtückisch
planen
bei der nachbarschaft räuberisch abzusahnen

von Martins Schreibtisch aus

Wie goldne Watte das Theaterrund.
Schwarz segeln Mauersegler und
ein Fahrradfahrer nur ganz leicht
- wie oft ein Schmetterling ein Ziel erreicht -
dort taumelt unter Einzeltropfen.
Teller klappern dort und hier,
Arbeiter mit Flaschenbier
ein neues Straßenpflaster klopfen.
Am Stadion die Flutlichtmasten.
Dort stehn sie wie besorgte Gouvernanten
um Sportler, die ums Leben rannten
und hasten statt in Ruh zu rasten.

Im Park da leuchten Salbeifelder,
und wenn Alarm dann schlägt ein
Feuermelder,
dann bricht hervor aus langen Fensterreihen
das Feuerrot der schrillen Feuerwehren,
die vehement die Ruh verheeren,
um mit Gebärden voll Dramaturgie
ihr Stück dem Publikum zu weihen,
das gleich danach verfällt in Lethargie.

Die Autos bleiben brav gepfercht in
Doppelreihen.
Das Cello schräg auf eines Mannes Rücken
kann ihm noch einmal heut verzeihen
die Zigarette, schief in seinen Mund gezogen.
Und die Inseln, die im Himmel Lücken
bilden in der Seide aus Türkis

und darüber schwach der Regenbogen,
die der rote Sonnenball verlogen
unversehrt im Osten ließ.

Am Rande Europas

Schwalbenstunde in Toledo

Wenn Schatten langsam an den Kathedralen
nach oben wandern und die letzten Strahlen
ein Leuchten auf Wimpergen und Fialen
wie letztlich zögernde Triumphe malen,

ganz unten weiße Kragen von Pastoren
eilen, statt Touristen, die jetzt froren,
und Kinder, die in ausgedachten Toren
sich selbst und ihren Ball verloren,

dann sieht man endlos Schwalben schwirren,
im Gleitflug schwebend und in irren
Stürzen, die sich gleich verwirren
in Gruppen, einzeln und Geschirren.

Ihr Flug formt heimlich Arabesken
und gleicht dabei dem Plateresken,
wenn nicht sogar Churrigueresken,
den Rissen in so manchen Fresken.

Diagonalen sich verschlingen,
Trapez und Dreieck sich durchdringen,
und unentwegt sie alles bringen
zu niemals endendem Gelingen.

Vom Himmel wie aus einem Saale
fließen ihre Rufsignale
zu mir wie einer tiefen Schale
in rätselhaftem Sendestrahle.

Ich möcht' gerne Storch in Trujillo sein

Ich möcht gerne Storch in Trujillo sein.
Ich stünde dann öfter auf einem Bein
und würd' auf Paläste und Kirchen scheißen
würd' Mitleid mit Werten der Kunst mir
verbeißen,

würd' Pizarro ein weißliches Käppchen
verpassen,
mich bemüh'n, meinen Schnabel noch
klappern zu lassen,
wenn sie Rosenkranz beten, den vielfach
absurden,
und vergessen, wieviele ermordet wurden

im Namen der Jungfrau und weltlicher Macht,
die den meisten nur Elend und Ohnmacht
gebracht.
Auch den Terror der Autos würd' ich
übertönen
würd' erneuern verkommene Riten des
Schönen,

würd' zum Kunstwerk den nächstbesten
Strommast erheben,
nachdem oben drauf unsre Nester nun
schweben
und gäb' so den Menschen zurück, was heut
fehlt:
das Gefühl, dass sie längst nicht der Nabel
der Welt.

arabesken

sie suchen nach dem großen reinen
statt mit tausenden figuren
endlos plastischen gestalten
mit teurem kleiderprunk bei alten
oder schönen jungen nackten
und geilen reizen rumzuhuren
suchen sie die reinheit in abstrakten
endlos scheinbar labyrinthen
wo die wege manchmal grade
sind und dann mit schrägen finten
täuschen und diagonalen
wege bahnen in segmenten
altgewohnter trampelpfade
die sie völlig neu durchdringen
und die blicke dahin bringen
wo unerwartet sterne strahlen
als wenn von unsichtbaren händen
alles scheitern und gelingen
alle freuden alle qualen
gleichsam eines fadens enden
endlich hier zusammenfänden
und so das innen wie die schalen
gegenseitig sich umschlingen
als wenn sie sich seit ewig kennten
und ruhe und bewegung einen

Apfelsinenbaum

Träum nicht bei meinem süßen Duft
von Paradiesen in der Ferne.
Sei hier und jetzt und folge gerne
der Seligkeit, zu der er ruft.

Dazu schenk ich der Blüten weißen
Samt, den deine Finger tasten
und in der Sonne gleißen
meiner goldnen Früchte Lasten.

Doch wenn dir auch mein schwerer Kuss
Betäubung aller Sinne bot,
verhehl ich nicht beim Überfluss
den Beigeschmack von Überdruss,
ein Fauligsein, den Hauch von Kot,
und dass am Ende steht der Schluss.

störche in caceres

manchmal aufrecht wie ein monument
philosophen die die welt betrachten
die in wahrheit niemand kennt
verwundert dann den kopf zur seite
weil sie dort touristen sehen
die sie gleich darauf
nicht mehr beachten

dann grazile schritte
voreinander setzend
auf des daches mitte
voller vorsicht
balancierend
auf dem first
lebenswerte schätzend

plötzlich ist das gleichgewicht
bedroht
und es wird nicht
ohne aufgeregte hilfe
mächtig flatternder flügel
wiederhergestellt
mit knapper not

und nun klappern sie
gebeugt nach vorne
wie besorgte kinderfrauen
um dann wiederum
zu schauen
mit erhobnem hals
fast wie im zorne

beim landen
schaun sie unbeholfen und
eifrig bilden mauersegler
einen flinken hintergrund
den sie übertrieben fanden

blühende orangenbäume

ihr voller süßer duft
und schwalbenzwitschern
am seidenblauen himmel
schenken mir die alte heimat
andalusien
zurück
aus welcher zeit
an welchem ort

und meine fingerspitzen
tasten elfenbein
den feinen weißen samt
das glatte porzellan
der blütensterne
mit ihrem zierat
schmuck aus gold

im dunklen grün
dem schatten eurer blätter
läuten goldne früchte
eine gegenwart
die nicht an ferne
träume denken lässt
nur reife helle gegenwart

und gegenwart und gegenwart
in vielen tagen wiederholt
mit süßem duft
der fast betäubt
kann nicht verhehlen
einen beigeschmack von überdruss

mit einem leichten hauch von fauligsein
wenn nicht von kot
von tod

ade ihr schwalben

stunde der schwalben

chaotisches gewirr von ruf und bahnen
im sturzflug einzeln oder auch in gruppen
als wirklichkeit fast nur zu ahnen
sind sie vorm abendhimmel schwarze
schemen
auf einer bühne irrealer puppen
die fast wie fledermäuse sich benehmen

die nahrungssuche sagt man lenkt die flüge
und mücken sinds die die strukturen formen
doch scheint das eher eine bange lüge
ihr flug gehorcht ganz andren normen

wenn sie dort ihre irren linien fuhren
und mit ihrer schwarzen flügel sichel
zeichneten höchst kunstvolle gravuren
gleichwie mit einem allerfeinsten stichel

dann schienen sie mit ihren dunklen spitzen
als wollten sie ein bild in kupfer stechen
des himmels zarte seidenhaut zu ritzen
und dächer mit trapez- und dreieckflächen
ins bild wie fremde dächer von pagoden
zu fassen wie vom himmel bis zum boden

sie zeichnen so mit ornamentenspur
von türmen schwalbenschwänzen
dachabsätzen
kaum zu entziffernde geheimstruktur

und nach völlig eigenen gesetzen
und haben so in ihren abendstunden
die kunst der arabeske uns erfunden

escorial

unbeugsam für die ewigkeit
gebaut aus hartem stein
der wie das herz des königs
einfachheit und ohne nein
zu dulden dienst an reich
und auch religion vorgibt
um nicht das bröckeln zuzulassen
angst vor verfall im innern
widerspiegelnd oder wilde lüste
sowie grausamkeit der wüste
die von der folter angerichtet
die er selbst befohlen
und seltsam ist
dass heut noch leuchten
keineswegs verstohlen
kristall im stein die luft ringsum
zum leuchten bringt
womit hat er das wohl verdient

Immer gleich und immer anders

Verachtet mir das Welken nicht

Man kann sich kaum dagegen wehren:
Blüten wir zumeist verehren,
Verheißung, Zartheit, Hoffnungsstreifen.

Und dann noch der Früchte Reifen,
süßer Schwere saftiges Verzehren,
pralles Schwellen reicher Ähren.

Zu Unrecht wir das Welke meiden,
seine Farben, gelb und braun,
lehren uns Nuancen schau'n,
die manchmal nur Missachtung leiden.

Erinnerung in Kopf und Bein,
Spuren auch von Frucht und Blüte,
stilles Dauern, Altersgüte,
endlich Zeit einfach zu sein.

Näher nun dem Lebenskerne,
der auch Schmerz und Trauer kennt,
nicht mehr nur bewusstlos rennt,
schließt sich Nähe nun an Ferne.

Was knorrig, holzig und bizarr,
verehrt das Junge auch im Alten.
Steht endlich auch zu euren Falten!
Auch Welkes ist oft wunderbar.

Lob der Zwiebel

Nun bist du schon in voller Reife,
die Haut vergilbt schon leicht und wie Papier
so altersdünn und knittrig hier,
und riechen tut dich auch nicht jeder gern,
und Waschen nützt auch kaum mit Seife. -
Doch liegt Verachtung mir unendlich fern.

Stattdessen singe ich dein Lob, o Zwiebel,
denn erst der zweite Blick zeigt deinen Wert
und oberflächges Urteil mich nicht schert.

In mancher Hinsicht bist du vorbildhaft,
wie innre Stärke stets dich neu erschafft.
Wenn alte Schalen nicht mehr frisch
erglänzen
dann zeigst du drunter immer neue Haut.
Verjüngungskraft fast ohne Grenzen
sieht der, der nicht nur Oberflächen schaut.

Tränen rufst hervor du manches Mal,
doch sind sie Vorbereitung nur zu höherem
Genuss,
wie auch im Leben mal das tiefe Tal
vor neuen Gipfeln liegen muss.

Auch kannst du Schönheit in der Tiefe hüten,
die harten Zeiten überstehn verborgen,
um später Lilien und Tulpenblüten
hervorzutreiben ins helle Morgen.

Du bist oft Nahrung in der Welt den Armen,
spendest deine Kräfte voll Erbarmen.
Trotzdem bist du oft verkannt
obwohl dein Wert liegt auf der Hand.

Du lehrst uns so: mehr Sein als Schein
und bist dazu noch sehr gesund.
Bei vielen Speisen bildest du die Würze
und bringst den Dampf auch für die Fürze
und bist zugleich so Therapeut,
der Dampf ablässt zur rechten Zeit,
was für die Seele sehr gesund,
viel besser als geschlossner Mund.

So bist du Brennpunkt auch und Speicher
von Schätzen aus der Erde und der Luft,
des Wassers Segen und der Sonne Feuer.
Welch lebend Wesen ist denn da noch
reicher?

Kraft und Erneuerung und Geduld,
ein Geist, der nicht um äußre Werte buhlt,
seelisch im Lot und körperlich gesund,
ein schönes Leben und und und.....
Das wünschen dir von Herzen

Wir tauchen nicht jeden Tag

in die Tiefe blauviolett,
weil alltägliche Dinge
den Kreis um uns schließen
und Hintergründe,
die Glück uns verhießen,
erscheinen oft wie
vernageltes Brett,
doch müssen wir trotzdem
dann oder wann
das Geheimnis des
Abgrunds ergründen,
Honig dort oder das
Leuchten finden,
denn ohne die
–wissen wir – kann
die Kraft nicht entstehen,
die eigene Bahn

immer wiederzufinden.

Ruhe nach langer Fahrt

Ein Boot an diesem Strand
in unverdorbnem Sand
halbschattig Ruhe fand
nach Fahrt in heißem Land.

Nun sieht es wie im Traum
durch einen kahlen Baum
die Wellen, die noch kaum
verenden hier im Schaum,

nicht groß und eher fein.
Und ab und zu ein Stein,
ganz einzeln und allein,
ein sanft umspültes Sein.

Das Boot hat ganz in Frieden
sich mit der Ruh beschieden.

Doch kam schon manches alte Boot
nach Ruhe und Beschaulichkeit,
die ihm erschien wie Ewigkeit,
zum Schluss dann wieder aus dem Lot,

weil Stürme seinen Strand verwüsten
und Leidenschaften an den Küsten,
als wenn sie es nun mal so müssten
zu neuen Freud und Leiden rüsten.

Neujahrswanderung Deutschland 2006

Angehalten ist der sonst so stete
Zeitenlauf und unklar ist, wie's weitergeht.
Im Haufen Schnee, kaum heiter, steht
ein Papperest, die Hülle der Rakete.

Winter zeigt sich heuer nur zum Schein.
Opak geschmolzen an den flachen Flanken
seltner Wechten läuft dir wie aus kranken
Pfützen dünnes Rinnsal schräg ans Bein.

Ist zwischen Kanzlerschaum und neuen
Attentaten,
Arbeitslosen, teuren Zahnprothesen
denn wirklich sonst nichts mehr gewesen?
Doch! - Erinnerung an Weihnachtsbraten!

Trotz allem hinterm Berg ein leichter Wind
mit Sonnenblinzeln, blauen Himmelsflecken,
die diesem Therapeutenland die Zunge
strecken
und Botschafter von Hoffnung sind.

Mühsam bergauf ein Mann auf Matschewegen
schiebt sein Schnullerkind im Kinderwagen
mit Handschuhen und hochgeschlagnem
Kragen
einem vagen Horizont entgegen.

Im Land der Pharaonen

Assuan

Ein warmes Hügelgelb aus sanftem Sand,
wo dessen glatte Haut noch unverdorben
und ohne Spannung liegt am Wüstenrand
und reine Illusion noch nicht gestorben.

Wo der Feluke weißes Dreiecksegel bindet
das helle Blau des hohen Himmelsdoms
an Erdengelb und unter ihr sich findet
das rätselhafte Blautürkis des Stroms.

Dies Blau von einem tiefen Süden raunt.
Und eine ferne andre Welt aus Seen
und Sümpfen über unsre Welten staunt,
kann unsre rechten Winkel nicht verstehn.

Auf runden Buckeln sitzen weiße Möwen
als Botschafter der beiden Weltenenden,
dem Land der Hunde und dem Land der
Löwen,
als wenn sie immer noch ein Bündnis fänden.

Und goldnes Sonnenschilf glänzt filigran,
das ohne Reue ringsumher erzählt,
dass Schwesterpharaonin dich im Kahn
in ihren dunkelschlanken Armen hält.

Des Augenblickes Fülle hier erhält
der Zeiten Tiefe und noch mehr
den ewiggleichen Gleichlauf aller Welt,
gemächliches Hinab und sanfte Wiederkehr.

Das Mädchen mit den traurigen Augen

Wie ein trauriger Magnet so hatten
unter deinen Augen, die mich trafen,
gleich berührt die seltsam tiefen Schatten
ohne Sonne, ohne einen Hafen,

der sie wärmen oder bergen könnte,
und unversehens spürte ich erschrocken,
als wenn zur gleichen Zeit es müde stöhnte,
ein mir zugedachtes mattes Locken,

das mich unbemerkt zu folgen hieß,
ein Spiel von Stehn und wieder Weitergehn,
vor einem fremden Haus mich stehenließ
und unanständig offne Türen sehn.

Du blickst mich an. Da rührt mich deine
Trauer,
ach so jung! Wer hat dich nur gesandt?
Steht um ihn eine große harte Mauer?
Hat er denn deine Schatten nicht erkannt?

Ein Platz vor ärmlichen Adobeziegeln:
Als dort sich lichtet kurz des Markts
Gedränge,
siehst Du mein Auge deine Trauer spiegeln,
verschwindest unbemerkt nun in der Menge.

Säulenwald in Karnak

Die Weihe deiner Größe und
die Würde von viertausend Jahren
sogleich den Atem uns verschlägt,
und Säulen stehn auf altem Grund,
die endlos Menschliches erfahren
und die der Hauch des Ewgen prägt,

Nachfolger eines Walds in alten
Sümpfen, die das ganze Leben
in Überfülle uns gebaren,
und deren Schäfte mit bemalten
Flächen schon ein Schauerbeben
unsern Vorzeiteltern waren.

Ließt ihr des Gottes Dämmrung schimmern,
Verbeugung vor dem ewig andern,
weil selbst euch tränkte ein Gefühl
der Ehrfurcht vor der großen Bahn
und kosmisch weiten Dimensionen?

Oder sollten wir vor Kleinheit wimmern,
im Staube auf dem Bauche wandern,
nach fein berechnetem Kalkül
verehrn des Herrschers Größenwahn,
den Glanz von seinen goldnen Kronen?

Ramses der Zweite

Dein eigner Größenwahn
Hat dich zum Gott gemacht
Die Götter dir zur Seite
Trifft kaum ein Sonnenstrahl
Die Berge zu gestalten
Gabst Auftrag du mit kaltem
Herzen dir zur Ehre
Hast du je Rechenschaft gegeben
Wie Menschen für dich bluten
Dieselben die dich nährten
Dich auch als Gott verehrten
Die dich und deine Macht erst schufen
Vor dir im Staub auf letzten Stufen
Lagen und es nicht mal zu denken wagten
Deinen Namen zu verfluchen
Dass du sogar noch logst
Und die Erinnerung verbogst
Dem Steinmetz dein Befehlen
Dein Versagen zu verhehlen

Nilfahrt

Als Lebensgleichnis lässt der Fluss
Fast wie in alten Bibelzeiten
Ein Zauberbild vorübergleiten,
Aus Urgedächtnissen ein Gruß.

Und dunkel rufen Muezzine,
Als wenn sie fernen Auftrag hätten,
Uns auf suleikenschlanken Minaretten
Entführten aus der Tagroutine.

Und rohrbeladne Eselskarren
Vor Büffeln, die den Nacken beugen
Und dumpf und schwarz vom Dienen zeugen,
Am Ufer wie in Ewigkeit verharren.

Doch hinter den Adobekuben
Sieht hässlich man auch Industrie,
Und ohne diese gäb es nie
Ein Überleben in den Armutsstuben.

Das Zoom sieht sie im schieren
Überlebenskampf in Dreck,
Armut und Krankheitsschreck
Und fast wie Tiere vegetieren.

Ihr Schicksal und das eigne Glück
Beim langsamen Hinuntergleiten
Und Schaun in malerische Weiten
Lässt ratlos uns - ein Stück - zurück.

Kretische Strände

Kiesel

Sie sind, von einer Welle aufgewühlt,
vom Spiegel klaren Wassers überspült,
wie edler Porphyr und Smaragde,
als wenn in unser Blickfeld ragte,
was wie vom Juwelier erscheint,
von feiner Hand dezent designt.

Beim Übergang jedoch der Grenzen
vom Feuchten hin zum Trocknenmüssen,
ureignem Element entrissen,
verliern sie leider jedes Glänzen.

Die Höhlendecke

Mit ihrer wilden Musterung
wölbt sie sich gnädig über mir,
noch Schonfrist während,
ein Planet von Tonnen,
über der Zerbrechlichkeit
insektengleichen Wesens,
winzige Portion aus
Wasser und Gewebe,

das doch Schmerz empfinden kann
- und Liebe.

Die Welle

Langsam wächst sie, unversehens,
plötzlich dann erscheint sie schneller,
fast als Herr nun des Geschehens,
lüftet kurz den eignen Schleier
vor dem feierlichen Keller,
wo eine völlig andre Feier
einer andern größern Welt
voll reichen Lebens Hof abhält.

Und jähe Transparenz gewährend,
lässt sie Türkisgeheimnis blitzen,
und keinen Augenblick verlierend,
dir Aug und Herz und Hirn zu ritzen,
um dann tausend weiße Lüste
auf den weichen Sand zu spritzen,
den ihr reicht die sanfte Küste,
wo sie jäh zusammenfallen
nurmehr schwächlich murmeln, lallen.

Gefolgt von neuem Individuum,
das rauschend, jedoch letztlich stumm,
ebenso zu nichts zerfällt,
ein weitrer Krümel dieser Welt.

Das Zicklein

Sein grundsätzlich
zufriedener Kindermund
schreit unablässig
meckernd
nach der großen Mutter,

die davonzieht,
ungerührt.

Inhaltsverzeichnis

137